Nueva Época N° 1

Buenos Aires Poetry

Buenos Aires Poetry n° 1 (Nueva Época) | Volumen 1 | Año 1 | 2024
104 p. ; 15,24 x 22,86 cm.
ISBN: 978-987-8470-88-7 | ISSN WEB: 1853-5887
Indexado a Latindex (folio 23408)
Capital Federal, Buenos Aires, Argentina.

Dirección: Juan Arabia
Diseño Editorial: Camila Evia
Edición Poesía Actual: Juan Arabia / Ignacio Oliden

Colaboran en este número: Patricio Ferrari — Wang Yin (王寅) — Forrest Gander —
Greg Brownderville —Pablo Gilabert — Alan Mendoza Sosa — Consuelo Arriagada —
Santiago Montoya Ordóñez — José Ignacio Hernández — Eliana Tomassini —
Astrid Velasco — Jorge Burón

www.buenosairespoetry.com
www.editorialbuenosairespoetry.com
editorial@buenosairespoetry.com

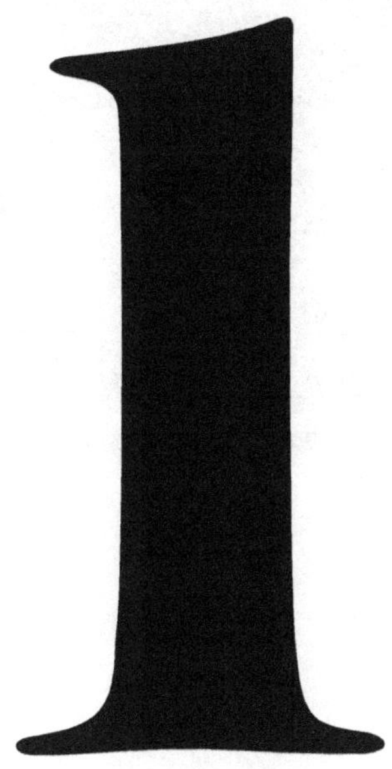

Buenos Aires Poetry

Un chant dans une nuit sans air...

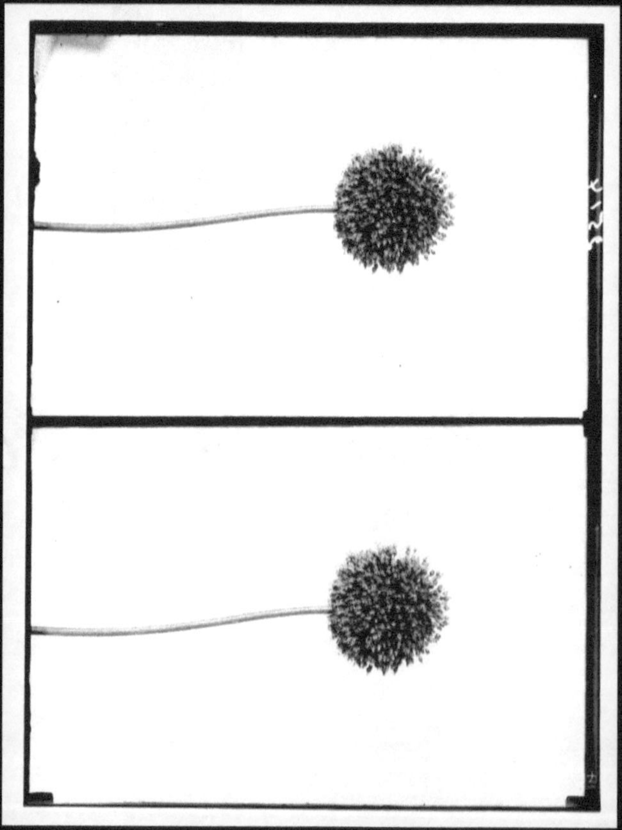

Denise Levertov

Masaoka Shiki　正岡子規

Donald Keene

Louise Glück

Randall Jarrell

Crítica Literaria

essay / interview

Denise Levertov

Linebreaks, Stanza-Spaces, and the Inner Voice (1965)

In an interview with me in 1964, Walter Sutton asked me to talk at some length about a short poem of mine. I chose "The Tulips" from *The Jacob's Ladder*:

> Red tulips
> living into their death
> flushed with a wild blue
>
> tulips
> becoming wings
> ears of the wind
> jackrabbits rolling their eyes
>
> west wind
> shaking the loose pane
>
> some petals fall
> with that sound one
> listens for

Denise Levertov

Pausa versal, espacios de estrofa y voz interior (1965)

En una entrevista que Walter Sutton me hizo en 1964, me pidió que hablara un poco sobre un breve poema mío. Elegí "Los tulipanes" de *The Jacob's Ladder*:

Tulipanes rojos
viviendo en su muerte
ruborizados de azul salvaje

tulipanes
convirtiéndose en alas
orejas del viento
conejos poniendo los ojos en blanco

viento del oeste
sacudiendo el cristal suelto

caen unos pétalos
con ese sonido que una
escucha

First, there was the given fact of having received a bunch of red tulips, which I put in a vase on the window sill. In general I tend to throw out flowers when they begin to wither, because their beauty is partly in their *short* life, and I don't like to cling to them. I thought of that sentence of Rilke's about the unlived life of which one can die (*Letters to a Young Poet*: Rilke speaks of "unlived, disdained lost life, of which one can die," August 12, 1904); and, looking at these tulips, I thought of how they were continuing to be fully alive, right on into their last moments. They hadn't given up before the end. As red tulips die, some chemical change takes place which makes them turn blue, and this blue seems like the flush on the cheeks of someone with fever. I said "wild blue" because, as I looked at it, it seemed to be a shade of blue that suggested to me perhaps far-off parts of sky at sunset that seemed untamed, wild. There seem to be blues that are tame and blues that are daring. Well, these three lines constitute the first stanza. . . Then came a pause. A silence within myself when I didn't see or feel more, but was simply resting on this sequence that had already taken place. Then, as looked, this process continued. You can think of it as going on throughout a day; but when cut flowers are in that state, things happen quite fast; you can almost see them move. The petals begin to turn back. As they turn back, they seem to me to be winglike. The flowers are almost going to take off on their winglike petals. Then "ears of the wind." They seem also like long ears, like jack rabbits' ears turned back and flowing in the wind, but also as if they were the wind's own ears listening to itself. The idea of their being jack rabbits' ears led me to the next line, which is the last line of this stanza, "jackrabbits rolling their eyes," because as they turn still further back they suggest, perhaps, ecstasy. Well, this was the second unit. Then another pause. The next stanza, "west wind/ shaking the loose pane," is a sequence which is pure observation without all that complex of associations that entered into the others. The flowers were on the window sill, and the pane of glass was loose, and the wind blew and rattled the pane. This is back-ground.

En primer lugar, estaba el hecho de haber recibido un ramo de tulipanes rojos, que puse en un jarrón en el alféizar de la ventana. En general suelo tirar las flores cuando empiezan a marchitarse, porque su belleza radica en parte en su *corta* vida, y no me gusta aferrarme a ellas. Pensé en aquella frase de Rilke sobre la vida no vivida de la que se puede morir (*Cartas a un joven poeta*: Rilke habla de "la vida perdida no vivida, desdeñada, de la que se puede morir", 12 de agosto de 1904); y, al mirar estos tulipanes, pensé en cómo seguían plenamente vivos, incluso en sus últimos momentos. No se habían rendido antes del final. A medida que los tulipanes rojos mueren, se produce algún cambio químico que los hace volverse azules, y este azul parece el rubor en las mejillas de alguien con fiebre. Dije "azul salvaje" porque, cuando lo miré, me pareció un tono de azul que me sugería quizás partes lejanas del cielo al atardecer que parecían indómitas, salvajes. Por lo visto, parece haber azules mansos y azules atrevidos. Bueno, estos tres versos constituyen la primera estrofa. . . Luego vino una pausa. Un silencio dentro de mí cuando no veía ni sentía más, simplemente descansaba en esta secuencia que ya había ocurrido. Luego, mientras miraba, este proceso continuó. Puedes pensar que esto sucede a lo largo de un día; pero cuando las flores cortadas están en ese estado, las cosas suceden bastante rápido; casi puedes ver cómo se mueven. Los pétalos comienzan a desplegarse. Mientras se despliegan, me parecen alas. Las flores casi van a despegar sobre sus pétalos en forma de alas. Luego "orejas del viento". Parecen también orejas largas, como orejas de conejo vueltas hacia atrás y ondeadas por el viento, pero también como si fueran las propias orejas del viento escuchándose a sí mismo. La idea de que fueran orejas de conejo me llevó a la siguiente línea, que es la última línea de esta estrofa, "conejos poniendo los ojos en blanco", porque al volverse aún más atrás sugieren, tal vez, éxtasis. Bueno, esta era la segunda unidad. Luego otra pausa. La siguiente estrofa, "viento del oeste/ sacudiendo el cristal suelto", es una secuencia que es pura observación sin todo ese complejo de asociaciones que entraba en las demás. Las flores estaban en el alféizar de la ventana, el cristal estaba suelto y el viento soplaba y hacía vibrar el cristal. Esto es un trasfondo.

Is it part of the sound that comes in, as you mentioned earlier?

Yes, although it doesn't really get into the poem quite as sound. Then again a short pause, and then, "some petals fall/with that sound one/listens for." Now, the petals fall, not only because the flowers are dying and the petals have loosened themselves, in death, but also because perhaps that death was hastened by the blowing of the west wind, by external circumstances. And there is a little sound when a petal falls. Now why does the line end on "one"? Why isn't the next line "one listens for"? That is because into the sequence of events entered a pause in which was an unspoken question, "with that sound one," and suddenly I was stopped: "one what?" Oh, "one listens for." It's a sound like the breath of a human being who is dying; it stops, and one has been sitting by the bedside, and one didn't even know it, but one was in fact waiting for just that sound, and the sound is the equivalent of that silence. And one doesn't discover that one was waiting for it, was listening for it, until one comes to it. I think that's all.

I think the line also turns back with the "one." There is a kind of reflexive movement for me, as you read it, emphasizing the solitary nature of the sound. Now in your comments on this poem you have talked mostly about the meanings, the associations of the experience, and their relation to images.

Also, though, about their relation to rhythm, about where the lines are broken and where the silence is, about the rests.

Where the silences fall. Now, "variable foot" is a difficult term. Williams said that it involves not just the words or the phrases but also the spaces between them. Is that your meaning also? That a pause complementing a verbal unit is a part of the sequence of events?

¿Es parte del sonido que entra, como mencionaste antes?

Sí, aunque no aparece realmente en el poema como sonido. Luego otra vez una breve pausa, y luego, "caen unos pétalos/ con ese sonido que una/ escucha". Ahora, los pétalos caen, no sólo porque las flores están muriendo y los pétalos se hayan soltado, muertos, sino también porque tal vez esa muerte fue apresurada por el soplido del viento del oeste, por circunstancias externas. Y se oye un pequeño sonido cuando cae un pétalo. Ahora bien, ¿por qué el verso termina en "una"? ¿Por qué la siguiente línea no dice "que una escucha"? Eso es porque en la secuencia de los acontecimientos entró una pausa en la que había una pregunta no formulada, "con ese sonido que una", y de repente me detuve: "¿que una qué?" Ah, "que una escucha". Es un sonido como el del aliento de un ser humano que está muriendo; se detiene, y una ha estado sentada al lado de la cama, y ni siquiera lo sabía, pero en realidad estaba esperando ese sonido, y el sonido es el equivalente de ese silencio. Y una no descubre que lo estaba esperando, que lo estaba escuchando, hasta que llega. Creo que eso es todo.

Creo que el verso también vuelve hacia atrás con el "una". Hay una especie de movimiento reflexivo, al leerlo, que enfatiza la naturaleza solitaria del sonido. Ahora, en tus comentarios sobre este poema has hablado principalmente sobre los significados, las asociaciones de la experiencia y su relación con las imágenes.

Pero también de su relación con el ritmo, sobre dónde se rompen los versos y dónde está el silencio, sobre los descansos.

Dónde caen los silencios. Ahora bien, "pie variable" es un término difícil. Williams dijo que se trata no sólo de las palabras o frases sino también de los espacios entre ellas. ¿Es ese tu significado también? ¿Que una pausa que complementa una unidad verbal es parte de la secuencia de acontecimientos?

Yes, and the line-end pause is a very important one; I regard it as equal to half a comma, but the pauses between stanzas come into it too, and they are much harder to evaluate, to measure. I think that what the idea of the variable foot, which is so difficult to understand, really depends on is a sense of a pulse, a pulse behind the words, a pulse that is actually sort of tapped out by a drum in the poem. Yes, there's an implied beat, as in music; there is such a beat, and you can have in one bar just two notes, and in another bar ten notes, and yet the bar length is the same. I suppose that is what Williams was talking about, that you don't measure a foot in the old way by its syllables but by its beat.

Though not by what Pound called the rhythm of the metronome?

Well, there is a metronome in back, too.

Is it like the mechanical beat of the metronome or the necessarily variable beat of a pulse? Is it a constant beat? Or is it a beat that accelerates and slows?

Oh, it accelerates and slows, but it has a regularity, I would say. I'm thinking of *The Clock* symphony of Haydn. Well, there's where the pulse behind the bars is actually heard—pum-pum, pum-pum, and so on. But then, winding around that pum-pum, it's going dee, dee-dee-dum, and so forth. Well, I think perhaps in a poem you've got that melody, and not the metronomic pum-pum; but the pum-pum, pum-pum is implied.

When you think of the variable foot, then, you think of beats rather than of the spacing of phrases or of breath-spaced units of expression?

I've never fully gone along with Charles Olson's idea of the use of the breath. It seems to me that it doesn't work out in practice.

Sí, y la pausa al final del verso es muy importante; la considero equivalente a media coma, pero las pausas entre estrofas también entran en juego y son mucho más difíciles de evaluar, de medir. Creo que de lo que realmente depende la idea del pie variable, que es tan difícil de entender, es de una sensación de pulso, un pulso detrás de las palabras, un pulso que en realidad es golpeado por un tambor en el poema. Sí, hay un ritmo implícito, como en la música; existe tal ritmo, y puedes tener en un compás sólo dos notas, y en otro compás diez notas, y aun así la longitud del compás es la misma. Supongo que de eso hablaba Williams, de que no se mide un pie a la antigua usanza por sus sílabas sino por su ritmo.

¿Pero no por lo que Pound llamaba el ritmo del metrónomo?

Bueno, también hay un metrónomo atrás.

¿Es como el ritmo mecánico del metrónomo o el latido necesariamente variable de un pulso? ¿Es un latido constante? ¿O es un latido que se acelera y se ralentiza?

Oh, acelera y se ralentiza, pero tiene una regularidad, diría yo. Estoy pensando en la sinfonía *The Clock* de Haydn. Bueno, ahí es donde realmente se escucha el pulso detrás del compás: pum-pum, pum-pum, etcétera. Pero luego, al girar alrededor de ese pum-pum, hace dee, dee-dee-dum, y así sucesivamente. Bueno, creo que quizás en un poema tengas esa melodía, y no el pum-pum metronómico; pero el pum-pum, pum-pum está implícito.

Entonces, cuando piensas en el pie variable, ¿piensas en ritmos más que en el espaciado de frases o en unidades de expresión espaciadas por la respiración?

Nunca he estado completamente de acuerdo con la idea de Charles Olson sobre el uso de la respiración. Me parece que en la práctica no funciona.

Of course, he thinks of this as one of the achievements of the modern-ist revolution—that Pound and Williams inaugurated the use of breath-spaced lines.

But I don't think they really are breath-spaced. There are a lot of poems where you actually have to draw a big breath to read the phrase as it's written. But so what? Why shouldn't one, if one is capable of drawing a deep breath? It's too easy to take this breath idea to mean literally that a poet's poems *ought* by some moral law to sound very much like what he sounds like when he's talking. But I think this is unfair and untrue, because in fact they may reflect his *inner* voice, and he may just not be a person able to express his inner voice in actual speech.

You think, then, that the rhythm of the inner voice controls the rhythm of the poem?

Absolutely, the rhythm of the inner voice. And I think that the breath idea is taken by a lot of young poets to mean the rhythm of the outer voice. They take that in conjunction with Williams's insis-tence upon the American idiom, and they produce poems which are purely documentary.

What do you mean by the inner voice?

What it means to me is that a poet, a verbal kind of person, is con-stantly talking to himself, inside of himself, constantly approximating and evaluating and trying to grasp his experience in words. And the "sound," inside his head, of that voice is not necessarily identical with his literal speaking voice, nor is his inner vocabulary identical with that which he uses in conversation. At their best sound and words are song, not speech. The written poem is then a record of that inner song.

Por supuesto, él piensa que esto es uno de los logros de la revolución modernista: que Pound y Williams inauguraran el uso de los versos con la respiración.

Pero no creo que realmente estén espaciados con la respiración. Hay muchos poemas en los que tienes que respirar profundamente para leer la frase tal como está escrita. ¿Y qué? ¿Por qué no hacerlo, si uno es capaz de respirar profundamente? Es demasiado fácil tomar esta idea del aliento para significar literalmente que los poemas de un poeta *deben*, por alguna ley moral, sonar muy parecido a cómo suena él cuando habla. Pero creo que esto es injusto y falso, porque de hecho pueden reflejar su voz *interior*, y cabe la posibilidad de que —simplemente—, no sea una persona capaz de expresar su voz interior en un discurso real.

¿Crees entonces que el ritmo de la voz interior controla el ritmo del poema?

Absolutamente, el ritmo de la voz interior. Y creo que muchos poetas jóvenes interpretan la idea de la respiración como el ritmo de la voz exterior. Toman esto en conjunto con la insistencia de Williams en el idioma estadounidense y producen poemas que son puramente documentales.

¿Qué quieres decir con la voz interior?

Lo que significa para mí es que un poeta, una persona de tipo verbal, está constantemente hablando consigo mismo, dentro de sí mismo, aproximándose y evaluando constantemente y tratando de traducir su experiencia en palabras. Y el "sonido" dentro de su cabeza de esa voz no es necesariamente idéntico a su voz real, ni su vocabulario interno es idéntico al que usa en la conversación. En el mejor de los casos, los sonidos y las palabras son canción, no discurso. El poema escrito es entonces un registro de esa canción interior.

Extrído de Denise Levertov, *New & Selected Essays*, Publisher New York : New Directions, 1992, pp. 88-92 | Traducción de Juan Arabia.

essay

Donald Keene

The Last Haiku
of Masaoka Shiki

Shiki composed his last three haiku on the morning of September 18. He scrawled them on a sheet of the paper he normally used for his paintings. His sister Ritsu held the paper taut on a drawing board. Shiki said nothing as he wrote, choked by phlegm. No one else spoke a word; the only sounds were the occasional coughs of the sick man. The first of the three haiku that Shiki wrote on this occasion would be known as his *jisei,* or "farewell to the world";

> The sponge gourd has bloomed;
> See the Buddha
> Stuffed with phlegm.

Shiki sees himself as a Buddha (a dead man), but even though this was his farewell to the world, it contains a touch of haiku humor, the incongruity of a Buddha being choked by phlegm. Shiki paused after writing each line of this haiku and before each of the final two haiku. When he had finished the third, he let the brush drop, apparently exhausted by the effort. Ritsu leaned the drawing board

ensayo

Donald Keene

Último haiku
de Shiki Masaoka

Shiki compuso sus últimos tres haiku la mañana del 18 de septiembre. Los garabateó en una hoja de papel que normalmente usaba para sus pinturas. Su hermana Ritsu sostuvo el tenso papel sobre una mesa de dibujo. Shiki no dijo nada mientras escribía, ahogado por la flema. Nadie más pronunció una palabra; los únicos sonidos eran las toses ocasionales del enfermo. El primero de los tres haiku que Shiki escribió en esta ocasión sería conocido como su *jisei,* o "adiós al mundo";

> La luffa ha florecido;
> mira al Buda
> lleno de flema.

Shiki se ve a sí mismo como un Buda (un hombre muerto), pero aunque ésta fue su despedida del mundo, contiene un toque de humor, la incongruencia de un Buda ahogado por la flema. Shiki hizo una pausa después de escribir cada línea de este poema y antes de cada uno de los dos últimos haiku. Cuando hubo terminado el tercero, dejó caer el pincel, aparentemente agotado por el esfuerzo. Ritsu apoyó el tablero de dibujo

against the wall so that others in the room could read the poems. From then on, Shiki uttered only groans of pain. A dose of morphine failed to relieve his suffering. The doctor, who arrived later, after some hesitation gave Shiki another injection of morphine. This eased the pain and enabled him to sleep; but the double dose may have precipitated Shiki's death.

Shiki died early in the morning of September 19, 1902. He was thirty-five years old. Hekigoto, together with Ritsu, washed the corpse and wrapped it in sheets. Hekigito's memoir describes the horrifying state of Shiki's body: after seven years of confinement to a sickbed, only upper half of Shiki's body seemed to be alive:

The sponge gourd has bloomed;
See the Buddha
Stuffed with phlegm.

hechima saite

tan no tsumarishi

hotoke kana

糸瓜咲いて
痰のつまりし
仏かな

contra la pared para que otros en la habitación pudieran leer los poemas. A partir de entonces, Shiki sólo emitió gemidos de dolor. Una dosis de morfina no logró aliviar su sufrimiento. El médico, que llegó más tarde, tras algunas dudas le dio a Shiki otra inyección de morfina. Esto alivió el dolor y le permitió dormir; pero la doble dosis pudo haber precipitado la muerte de Shiki.

Shiki murió temprano en la mañana del 19 de septiembre de 1902. Tenía treinta y cinco años. Hekigoto, junto con Ritsu, lavó el cadáver y lo envolvió en sábanas. Las memorias de Hekigito describen el horrible estado del cuerpo de Shiki: después de siete años de confinamiento en un lecho de enfermo, sólo la mitad superior del cuerpo de Shiki parecía estar viva:

La luffa ha florecido;
mira al Buda
lleno de flema.

hechima saite
tan no tsumarishi
hotoke kana

糸瓜咲いて
痰のつまりし
仏かな

Extraído de Donald Keene, *The winter sun shines : a life of Masaoka Shiki*, Columbia University Press, New York, 2013, pp. 188-189 | Traducción de Juan Arabia

essay

Louise Glück

On T. S. Eliot

Among the major literary figures of the early twentieth century, T.S. Eliot seems to be, in aesthetic terms, the easiest target. The charges against him, cumulatively, make him out to be the enemy of the life force. What characterizes the life force appears to be improvisation, variety, frankness, vigor, personality, some version of the common touch, some sense of communal affiliation. Or, alternatively, the kind of linguistic inventiveness which can be taken as the thriving organism's throwing off of constraints. The opposite of the life force is the classroom.

These charges were given pithy expression by William Carlos Williams, who might or might not be happy to find his own distastes currently institutionalized. Which is to say, it's Williams who is taught eagerly, by both scholars and poets, whereas Eliot is taught with animosity or pity. At least, this is my impression. I find what seem to be manifestations of a pressure to choose very interesting, since an advantage of literature over life is that the heart of the reader can be given wholly and simultaneously, even to writers who detested each other. But Williams's hold on readers often seems what he wanted his hold on Pound to be: absolute. Meanwhile, response to Eliot seems not unlike response to Milton, response to anything that seems to be both irreproachable and unfriendly.

ensayo

Louise Glück

Sobre T. S. Eliot

Entre las principales figuras literarias de principios del siglo XX, T.S. Eliot parece ser, en términos estéticos, el objetivo más fácil. Los cargos en su contra, acumulativos, lo hacen parecer el enemigo de la fuerza vital. Lo que caracteriza a la fuerza vital parece ser la improvisación, la variedad, la franqueza, el vigor, la responsabilidad, alguna versión del sentido común, algún sentido de afiliación comunitaria. O, alternativamente, el tipo de inventiva lingüística que puede tomarse como la liberación de restricciones por parte del organismo próspero. Lo opuesto a la fuerza vital es el salón de clases.

Estos cargos fueron expresados concisamente por William Carlos Williams, quien podría o no estar feliz de encontrar sus propios disgustos actualmente institucionalizados. Es decir: es a Williams a quien se enseña con entusiasmo, tanto por eruditos como por poetas, mientras que a Eliot se lo enseña con animosidad o compasión. Al menos, esta es mi impresión. Encuentro muy interesantes lo que parecen ser manifestaciones de una gran presión para elegir, ya que una ventaja de la literatura sobre la vida es que el corazón del lector puede entregarse total y simultáneamente, incluso a escritores que se detestaban entre sí. Pero el control de Williams sobre los lectores a menudo parece lo que él quería

It is also possible that Eliot's particular spirituality, his intense wish to be divested of temporal facts, may seem to contemporary readers not simply irresponsible but immoral: an indulgence of privilege and omen of our collective ruin.

I love both these poets, all the time. It may be useful to say a little more about Williams. The democratic expansiveness of the poems may not have found a parallel, in the life, in broad tolerance. New Jersey was a refuge. But it was the *correct* refuge; it could be called real life. Williams had a villager's suspicion of the alien: his genius made art out of the village, but his broader perceptions seem a little cranky, a little petulant. He took things personally: this was the glory of his work; it was also, from time to time, a limitation of character. Williams's hunger for Pound's favor was not necessarily the source of his dislike of Eliot, but it raised dislike to the level of rage.

That Williams didn't like Eliot is hardly surprising. Williams did not found the cult of the apparent, but he practised it as well as any poet I can name. He had a moral commitment to the actual, which meant the visible, whereas it was Eliot's compulsion to question that world. "Unreal city" as opposed, say, to *January Morning*. It is important to keep in mind the fact that Eliot was human: this accounts for the helplessness in his verse. If Williams thought of the real as that which was capable of being registered by the senses, Eliot, in his deepest being, equated the real with the permanent. Under which system, earth does not qualify. To be human and feel this is to have certain fond attachments seriously undermined.

Among the great figures of the time, Eliot was, in the work, the least materialistic, the least consoled by the physical world. Because what he wanted was either to see through the material to the eternal (in which case the material was an obstacle to vision) or to experience a closing of the gap between the two worlds. Only through the closing of that

que fuera su control sobre Pound: absoluto. Mientras tanto, la respuesta a Eliot no parece diferente a la respuesta de Milton, la respuesta a todo lo que parece ser tanto irreprochable como hostil. También es posible que la particular espiritualidad de Eliot, su intenso deseo de despojarse de los hechos temporales, pueda parecer a los lectores contemporáneos no sólo irresponsable sino inmoral: una indulgencia de privilegio y presagio de nuestra ruina colectiva.

Amo a estos dos poetas, todo el tiempo. Puede ser útil hablar un poco más sobre Williams. La expansión democrática de los poemas puede no haber encontrado un paralelo, en la vida, en amplia tolerancia. Nueva Jersey era un refugio. Pero era el refugio *correcto*; podría llamarse vida real. Williams tenía la desconfianza de un aldeano sobre el extraterrestre: su genio hizo del pueblo un arte, pero sus percepciones más amplias parecen un poco malhumoradas, un poco petulantes. Se tomaba las cosas personalmente: esa era la gloria de su obra; era también, de vez en cuando, una limitación de carácter. El hambre de Williams por el favoritismo de Pound no era la causa de su aversión por Eliot, pero elevó la aversión al nivel de la ira.

Que a Williams no le gustara Eliot no sorprende. Williams no fundó el culto de lo aparente, pero lo practicó tan bien como cualquier pueda poeta que pueda nombrar. Tenía un compromiso moral con lo real, lo que significaba lo visible, mientras que la compulsión de Eliot era cuestionar ese mundo. "Unreal city" en oposición, digamos, a *January Morning*. Es importante tener en cuenta el hecho de que Eliot era humano: esto explica la impotencia en su verso. Si Williams pensaba en lo real como aquello que era susceptible de ser registrado por los sentidos, Eliot, en lo más profundo de su ser, equiparaba lo real con lo permanente. En cuyo sistema, la tierra no califica. Ser humano y sentir esto, es tener ciertos apegos afectuosos seriamente socavados.

gap between the actual and the ideal could the physical world attain meaning, authority. But a mind sensitive to this discrepancy is unlikely to experience a convincing union of these realms.

The impulse of our century has been to substitute earth for god as an object of reverence. This seems an implicit rejection of the eternal. But the religious mind, with its hunger for meaning and disposition to awe, its craving for the path, the continuum, the unbroken line, for what is final, immutable, cannot sustain itself on matter and natural process. It feels misled by matter; as for the anecdotes of natural process, these it transforms to myth. Reading Eliot and Williams in juxtaposition, you see something more profound than an aesthetic disagreement. Both write poems as speech (which is why Eliot never seems to me *literary*), but communication in Williams is not designed to forge enduring bonds between one being and another. What Williams values is energy; he is effervescent, many-mooded: on occasion, didactic, but at other times, sublimely unconcerned to be heard. The absence of the twin, the exact counterpart, authenticates his experience. Williams's speech remarks the immediate; it has confidence, animation, gusto. In this kind of speech, *living* and *dead* are the critical distinctions. For Eliot, there were other distinctions: *true* and *false*, for example, or the distinction between a single *right* and a proliferation of *wrongs*. Where variety interests Williams, choice is Eliot's obsession. And every choice is vulnerable to some absolute, external judgment. This explains, in part, the fastidious hesitations: when the compulsion of speech is to find and say the truth, which is single because inclusive, all utterance must be tormented by doubt. The capacity of such a mind for suffering has to be enormous.

In Williams, loneliness is a song. Williams, on the page, is not so much intimate as natural; he expects to be understood. Eliot begs. The anxiety of the need and the anguish of effort make for a desperate intimacy; as powerful a bond as can be imagined is created with the reader. Very different from the Roosevelt intimacies of Whitman, the mono-

Entre las grandes figuras de la época, Eliot fue, en su obra, el menos materialista, el menos consolado por el mundo físico. Porque lo que quería era ver a través de lo material hacia lo eterno (en cuyo caso lo material era un obstáculo para la visión) o experimentar el cierre de la brecha entre los dos mundos. Sólo a través del cierre de esa brecha entre lo real y lo ideal podría el mundo físico alcanzar significado, autoridad. Pero es poco probable que una mente sensible a esa discrepancia experimente una unión convincente de estos reinos.

El impulso de nuestro siglo ha sido sustituir a dios por la tierra como objeto de reverencia. Esto parece un rechazo implícito de lo eterno. Pero la mente religiosa, con su hambre de significado y disposición al asombro, su anhelo por el camino, el continuo, la línea ininterrumpida, por lo que es definitivo, inmutable, no puede sostenerse sobre la materia y el proceso natural. Se siente engañada por la materia; en cuanto a las anécdotas de proceso natural, estas se transforman en mito. Leyendo a Eliot y Williams en yuxtaposición, se ve algo más profundo que un desacuerdo estético. Ambos escriben poemas como discursos (razón por la cual Eliot nunca me parece *literario*), pero la comunicación en Williams no está diseñada para forjar lazos duraderos entre un ser y otro. Lo que Williams valora es la energía; es efervescente, polifacético: en ocasiones, didáctico, pero en otras, sublimemente despreocupado por ser escuchado. La ausencia del gemelo, la contrapartida exacta, autentifica su experiencia. El discurso de Williams destaca lo inmediato; tiene confianza, animación, entusiasmo. En este tipo de discurso, *vivos* y *muertos* son las distinciones críticas. Para Eliot, había otras distinciones: *verdadero* y *falso*, por ejemplo, o la distinción de un sólo *bien* y una proliferación de *males*. Donde la variedad interesa a Williams, la elección es la obsesión de Eliot. Y cada elección es vulnerable a algún juicio externo absoluto. Esto explica, en parte, las fastidiosas vacilaciones: cuando la compulsión de la palabra es encontrar y decir la verdad, que es única porque incluye, toda expresión debe estar atormentada por la duda. La capacidad de sufrimiento de tal mente tiene que ser enorme.

lith with the microphone, just as Eliot's austere spirituality is different from, say, Rilke's abandon. To read Eliot, for me, is to feel the presence of the abyss; to read Rilke is to sense the mattress under the window. The addiction to rapture seems, finally, less a form of abandon than of self-protection.

The goal, in Eliot's monologues, is communion. The problem is that an other cannot be found, or attention secured. Almost all the poems are beset by caution. Sentences falter; major ideas are regularly subordinated, delayed, qualified—Eliot's speakers either can't speak or can't be heard; their persistence makes the poems urgent.
I read this poetry for the first time as an adolescent. And understood it immediately, by which I mean I felt a connection to it. I heard the tone. If there is a criticism to make, it may come out of that: not that the work is "academic", whatever that means, but that in the intensity and unchangingness of its emotion it is adolescent. And I suppose that, among sensitive readers, there must be many who do not share my taste for outcry. As an adult, I discovered that there is felt to be a division, in the Eliot oeuvre, marked by his conversion. The poems continue to seem to me more alike than they are different, the impact of the conversion not so very great. What has driven these poems from the first is terror and need of the understandable other. When the terror becomes unbearable, the other becomes god.

En Williams, la soledad es un canto. Williams, en la página, no es tanto íntimo como natural; espera ser entendido. Eliot suplica. La angustia de la necesidad y la angustia del esfuerzo dan lugar a una intimidad desesperada; se crea con el lector un vínculo tan poderoso como se pueda imaginar. Muy diferente de las intimidades rooselveltianas de Whitman, el monolito con el micrófono, así como la espiritualidad austera de Eliot es diferente, digamos, del abandono de Rilke. Leer a Eliot, para mí, es sentir la presencia del abismo; leer a Rilke es sentir el colchón debajo de la ventana. La adicción al éxtasis parece, finalmente, menos una forma de abandono que de autoprotección.

La meta, en los monólogos de Eliot, es la comunión. El problema es que no se puede encontrar a otro, ni asegurar la atención. Casi todos los poemas están plagados de cautela. Las oraciones fallan; las ideas principales están regularmente subordinadas, retrasadas, calificadas: los oradores de Eliot no pueden hablar, no pueden ser escuchados; su persistencia hace que los poemas sean urgentes.

Leí esta poesía por primera vez cuando era adolescente. Y la entendí de inmediato, quiero decir que sentí una conexión con ella. Escuché el tono. Si hay una crítica que hacer, puede que resulte esto: no que la obra sea "académica", sea lo que sea que eso signifique, sino que la intensidad y la inmutabilidad de su emoción es adolescente. Y supongo que, entre los lectores sensibles, habrá muchos que no compartan mi gusto por la indignación. Como adulta, descubrí que se siente que hay una división, en la obra de Eliot, marcada por la conversión. Los poemas me siguen pareciendo más similares que diferentes, el impacto de la conversión no tan grande. Lo que ha impulsado estos poemas desde el principio es el terror y la necesidad del otro inteligible. Cuando el terror se vuelve insoportable, el otro se convierte en dios.

Extraído de Louise Glück, *Proofs & theories : essays on poetry,* *Hopewell*, New Jersey : Ecco, an imprint of HarperCollins Publishers, 1994, pp. 19-23 | Traducción de Juan Arabia

essay

Randall Jarrell

Tristan Corbière

Tristan Corbière was born a hundred years ago and died seventy years ago; I heard of no celebration of his centenary, I know almost no one who reads him; but there are not many men who have written poems as good as his, and he can wait in mocking confidence for the world to make its way to his grave. There have been plenty of stray pilgrims: Laforgue, Pound, Eliot, Winters; and this new selection of a few of his poems, along with translations by Walter McElroy, may interest readers in Winters' conclusion about him—that his greatest poems "are probably superior to any French verse of the 19th century save the best of Baudelaire." Certainly no poet of half his greatness is so undervalued and unread.

Mr. McElroy has made a good selection from the poems, though it is sad to see the *Rondels pour après* left out entirely. His translations show a real affection for Corbière, and contain some successful or thoughtful lines or phrases; but a dictionary and the most indifferent French are enough to demonstrate that they have many errors and additions, and a creative irresponsibility, some of the time, to Corbière's exact tone and meaning. Corbière is an extremely hard job for any translator,

ensayo

Randall Jarrell

Tristan Corbière

Tristan Corbière nació hace cien años y murió hace setenta; no he oído hablar de ninguna celebración de su centenario, no conozco a casi nadie que lo lea; pero no hay muchos hombres que hayan escrito poemas tan buenos como los suyos, y él puede esperar con burlona confianza a que el mundo llegue a su tumba. Ha habido muchos peregrinos extraviados: Laforgue, Pound, Eliot, Winters; y esta nueva selección de algunos de sus poemas, junto con las traducciones de Walter McElroy, puede interesar a los lectores en la conclusión de Winters de que sus mejores poemas "son probablemente superiores a cualquier verso francés del siglo XIX, salvo lo mejor de Baudelaire". Ciertamente ningún poeta de la mitad de su grandeza está tan infravalorado e ignorado.

McElroy ha hecho una buena selección de los poemas, aunque es triste ver que los poemas de *Rondels pour après* [Rondeles para después] se hayan excluido por completo. Sus traducciones muestran un verdadero afecto por Corbière y contienen algunos versos o frases acertados y reflexivos; pero basta un diccionario y el francés más indiferente para demostrar que tienen muchos errores y añadidos, y una irresponsabi-

as his rhetoric depends to an unusual degree on antitheses, puns and half-puns, idioms, clichés, slang, paradoxes: often there is no equivalent word or phrase in English. How are you to translate *viveur vécu?* Spent spend-thrift, wasted wastrel, played-out playboy? These keep most of the form and half of the content, but the heart is gone.

Mr. McElroy decided to rhyme his translations, and he has a complaisance toward rhymes that beats anything that I, a liberal enough rhymer, have ever imagined: he will turn that line of lines, *Tu sais: j'avais laché la Vie avec des gants*, into *Letting go of life, you know, I wore gloves: those I kept—* in order to have *kept* rhyme with *best!* (This line of Corbière's certainly does temper one's feelings for *I have measured out my life with coffee-spoons;* "Prufrock" and "Gerontion" belong to a genre that a contemporary of General Grant's invented, one understands after reading "Le Poète contumace.") *Calme plat* means *dead calm*, is translated *calm expanse; de travers* becomes—this is not misunderstanding but sheer disregard—*with stately tread; Oui, j'ai beau me palper* becomes *I do well to pinch myself; Tu voulais voir à mon front* becomes *You saw reflected in my face;* and so on. And the translator has an unaccountable habit of missing or disregarding Corbière's jokes: after smiling at *Un barbet qui dormait sous le nom de Fidèle*, one finds that the fairies have left in its place this sad bump on a log: *A water-spaniel fond of sleeping, named Trusty.* Later, *Nous nous mettrons au vert du paradis perdu* becomes *We'll find our way to the green of the lost paradise—* but Corbière has said something far better, since *mettre des chevaux au vert* is an idiom meaning *to put horses out to graze.*

Pound called Corbière the most touching of poets—the *Rondels pour après* make his remark seem as truthful as it is unexpected—and Laforgue said, with wistful love, that Corbière's poems are *strident and unwearying as the cry of the sea-gulls:* "We others are all *poetic*... He is of a different mettle: an unseizable smoke-dried corsair, bold in his raids." Corbière's range is bewildering: some of his lines, in their short finality, might have been extracted from the *Sayings of Spartans*, but there are plenty of other

lidad creativa, a veces, hacia el tono y el significado exactos de Corbière. Corbière es un trabajo extremadamente duro para cualquier traductor, ya que su retórica depende en un grado inusual de antítesis, juegos de palabras y medios juegos de palabras, modismos, clichés, jergas, paradojas: a menudo no existe una palabra o frase equivalente en inglés. ¿Cómo puedes traducir *viveur vécu*? ¿Despilfarrador derrochado, holgazán agotado, vividor gastado? Estas variantes mantienen la mayor parte de la forma y la mitad del contenido, pero el corazón ha desaparecido.

El señor McElroy decidió rimar sus traducciones, y tiene una complacencia hacia las rimas que supera cualquier cosa que yo, un rimador bastante liberal, hubiera podido imaginar: a ese verso *Tu sais: j'avais laché la Vie avec des gants* [Sabes: yo había abandonado la vida con guantes], lo cambia a *Letting go of life, you know, I wore gloves: those I kept* [Soltar la vida, sabes, usé guantes: esos guardé] sólo para que *kept* rime con *best*! (Este verso de Corbière ciertamente prepara los sentimientos para *He medido mi vida a cucharadas de café*; "Prufrock" y "Gerontion" pertenecen a un género que inventó un contemporáneo del General Grant, uno entiende después de leer *Le Poète contumace* [El poeta contumaz].) *Calme plat* significa *absoluta tranquilidad*, se traduce como *extensión tranquila*; *de travers* [torcido] se vuelve (esto no es un malentendido sino puro desprecio) *with stately tread* [a paso majestuoso]; *Oui, j'ai beau me palper* [Sí, aunque me revise] se vuelve *I do well to pinch myself* [Hago bien en pellizcarme]; *Tu voulais voir à mon front* [Querías ver mi frente] se convierte en *You saw reflected in my face* [Viste reflejado en mi rostro]; etcétera. Y el traductor tiene la inexplicable costumbre de pasar por alto o ignorar los chistes de Corbière: tras sonreír con *Un barbet qui dormait sous le nom de Fidèle* [Un barbet que dormía bajo el nombre de Fidèle], uno encuentra que las hadas han dejado este triste bulto: *A water-spaniel fond of sleeping, named Trusty* [Un spaniel propenso al descanso, llamado Fiable]. Después, *Nous nous mettrons au vert du paradis perdu* [Saldremos al verde del paraíso perdido] se vuelve *We'll find

lines that would make S. J. Perelman envious, consummately reckless rhetorical passages in which the poet's mocking consciousness of what he is doing is half their effect on the reader. "Cris d'aveugles" is full of an agony you have to go to the "terrible sonnets" to match; it would be hard to match precisely the disgust and contempt and identifying acceptance of "Femme"; the neurotic self-dramatizing self-analysis of some of the dramatic monologues is quite as good as anything of the sort in Eliot—whom Corbière of course influenced, though mainly through Laforgue; and there are half the things in the world in "La Rapsode foraine" and "Le Poète contumace," one is willing to swear while one is overcome with them. There are all sorts of things wrong with Corbière, too; but people have talked about his faults (or not mentioned them because they never mentioned him) for almost a hundred years now—it is time to talk for a hundred years about his virtues.

The poems have a rude, laconic strength, a hammering and reckless wit, that work themselves up (with an ingenuity that would shame any Devil) into the blankest or most sardonic exaggeration; here is Paris by sheet lightning:

> *La: vivre à coups de fouet!—passer*
> *En fiacre, en correctionelle;*
> *Repasser à la ritournelle,*
> *Se dépasser, et trépasser! ...*

The bad and mediocre poems in *Les Amours jaunes* are a deliberate and repeated slap in the face of things—poems that tell you the worst about themselves, and anything else that comes to hand, almost as a principle of composition. (Raleigh's "The Lie" is an accidental prototype, both in content and form, of one or two of these.) Their antagonistic, obstinate, and monotonous wit here and there breaks out into one of those open jeers that people always notice in Villon: for instance, the epigraph of *Rapsodie du sourd* is: "*Le silence est d'or.—Saint*

our way to the green of the lost Paradise [Encontraremos nuestro camino hacia el verde del perdido Paraíso] pero Corbière dijo algo mucho mejor, ya que *mettre des chevaux au vert* [poner los caballos al verde] es un término que significa *sacar a pastar los caballos*.

Pound llamó a Corbière el más conmovedor de los poetas (los *Rondels pour après* hacen que este comentario sea tan sincero como inesperado) y Laforgue dijo, con amor melancólico, que los poemas de Corbière son *estridentes e incansables como el grito de las gaviotas*: "Los demás somos todos *poéticos*… Él es de un temple diferente: un corsario inatrapable secado por el humo, audaz en sus incursiones". El alcance de Corbière es desconcertante: algunos de sus versos, en su breve finalidad, podrían haber sido extraídos de *Sayings of Spartans* [Dichos de espartanos], pero hay muchos otros versos que harían sentir envidia a S. J. Perelman, pasajes retóricos consumadamente imprudentes en los que la conciencia burlona del poeta de lo que está haciendo es la mitad de su efecto en el lector. El poema "Cris d'aveugles" [Gritos de ciegos] está lleno de una agonía que hay que acudir a los *sonetos terribles* para igualarlo; sería difícil igualar precisamente el disgusto, el desprecio, y la aceptación identificatoria de "Femme" [Mujer]; el autoanálisis neurótico y autodramatizador de algunos de los monólogos dramáticos es tan bueno como cualquier cosa similar en Eliot (en quien Corbière, por supuesto, influyó, aunque principalmente a través de Laforgue); y en "La Rapsode foraine" [La rapsoda itinerante] y en "Le Poète contumace" [El poeta contumaz] está la mitad de cosas del mundo por las que uno está dispuesto a jurar mientras se siente vencido por ellas. Corbière también tiene todo tipo de cosas malas; pero la gente ha hablado de sus defectos (o no los ha mencionado porque nunca lo mencionaron a él) desde hace casi cien años; es hora de hablar durante cien años de sus virtudes.

Los poemas tienen una fuerza grosera y lacónica, un ingenio martilleante e imprudente, que se desarrollan (con un ingenio que avergon-

Jean Chrysostome." One section of *Les Amours jaunes* is called *Raccrocs*—Flukes—and one word could hardly sum up better the whole sardonic side of Corbière: if the ball climbs the chandelier, with this player it is no fluke. Beethoven is supposed to have improvised until a whole drawing-room wept, and then to have laughed at them—half mockingly, half sympathetically, and altogether out of the consciousness of power; this consciousness of power is never absent from Corbière, who always answers our bewilderment with the same *Surprise is my profession.* The prevailing irony that blows through his poems is neither Byronic nor Laforguian, but something far more complicated, since it does not replace an idealistic or sentimental attitude with a "disillusioned one", but mocks at part of each and accepts part of each; and the mockery and the acceptance are fused, sometimes, in one incandescent phrase—are transfigured, sometimes, by a cruel and magical tenderness:

> *Dors: ce lit est le tien ... Tu n'iras plus au nôtre.*
> *— Qui dort dîne.— A tes dents viendra tout seul le foin.*
> *Dors: on t'aimera bien — L'aimé c'est toujours l' Autre ...*
> *Rêve: La plus aimée est toujours la plus loin ...*
>
> *Dors: on t'appellera beau décrocheur d'étoiles!*
> *Chevacheur de rayons! ... quand il fera bien noir;*
> *Et l'ange du plafond, maigre araignée, au soir,*
> *— Espoir — sur ton front vide ira filer ses toiles.*
>
> *Museleur de voilette! un baiser sous le voile*
> *T'attend ... on ne sait où; ferme les yeux pour voir.*
> *Ris: les premiers honneurs t'attendent sous le poêle.*
>
> *On cassera ton nez d'un bon coup d'encensoir,*
> *Doux fumet! pour la trogne en fleur, pleine de moelle*
> *D'un sacristain très bien, avec son éteignoir.*

zaría a cualquier diablo) hasta la exageración más vacía o sardónica; aquí está París bajo un relámpago:

Ahí: ¡vivir a latigazos! — pasar
entre coches y correccionales;
repetir al estribillo,
¡sobrepasar y llegar al otro lado!

Los poemas malos y mediocres de *Les Amours jaunes* [Los amores amarillos] son una bofetada deliberada y repetida a las cosas: poemas que te dicen lo peor de sí mismos y de cualquier otra cosa que se te ocurra, casi como un principio de composición. ("The Lie" [La mentira] de Raleigh es un prototipo accidental, por forma y contenido, de uno o dos de estos). Su ingenio antagónico, obstinado y monótono estalla aquí y allá en una de esas burlas abiertas que la gente siempre nota en Villon: por ejemplo, el epígrafe de "Rapsodie du sourd" [Rapsodia de los sordos] es: "Le silence est d'or.—Saint Jean Chrysostome"[El silencio es de oro]. Una sección de *Les Amours jaunes* se llama *Raccrocs* [Casualidades], y difícilmente haya una palabra que pueda resumir mejor el lado sardónico de Corbière: si la pelota trepa al candelabro, con este jugador no es *casualidad*. Se dice que Beethoven improvisó hasta hacer llorar a todo un living, y luego se rió de ellos, medio burlonamente, medio compasivamente, todo a partir de la conciencia del poder; esta conciencia del poder nunca está ausente en Corbière, quien siempre responde a nuestro desconcierto con *Mi profesión es la sorpresa*. La ironía predominante que sopla a través de sus poemas no es ni byroniana ni laforguiana, sino algo mucho más complicado, ya que no reemplaza una actitud idealista o sentimental por otra "desilusionada", sino que se burla de parte de cada una, y acepta parte de cada una; y la burla y la aceptación se fusionan, a veces, en una frase incandescente; se transfiguran, a veces, por una cruel y mágica ternura:

Corbière is far too serious a poet to be solemn; what he says he means; but he says it in a series of astonishingly colloquial and idiomatic exclamations—his speech, often, is a sort of living contradiction. Puns, mocking half-dead metaphors, parodied clichés, antitheses and paradoxes, idioms exploited on every level, are the seven-league crutches on which the poems bound wildly forward. If nature, once, made no jumps, it was different from Corbière, who progresses by nothing else; one of his poems passes through its aggregation of exclamations, interjections, vocatives, imperatives as an electron passes through its orbits—now here, now there, and in between nowhere.

There is no one else as close to Villon: at his rare best Corbière does equal justice both to what we want and what we get, and his wonderful toughness and irony and intelligence come through a conclusive realization of emotion and spirit, not through any escape from either. Corbière's own epitaph ends:

> *Il mourut en s'attendant vivre*
> *Et vécu s'attendant mourir.*

He lived and died catercornered, *de travers*—obsessed not just by the hard way but by the hardest way: he is a rock set against all the currents of the world.

Duerme: esta cama es tuya… Ya no irás a la nuestra.
— Quien duerme come. — La hierba llegará a tus dientes.
Duerme: serás querido — El querido es siempre el Otro…
Sueña: la más amada es siempre la que está más lejos…

Duerme: ¡te llamarán el gran arrancador de estrellas!
¡Jinete de los rayos!... Cuando sea bien tarde;
y tu ángel, araña flaca, de noche,
— esperanza — tejerá su red sobre tu frente hueca.

¡Amordazador de velos! Un beso te espera
bajo el manto… No sabemos dónde: cierra los ojos para verlo.
Sonríe: te esperan grandes honores bajo la mortaja.

Te partiremos la nariz con un incensario,
¡dulce humo!... Tu cara llena del tuétano
de un gran sacristán, con su apagavelas.

Corbière es un poeta demasiado serio para ser solemne; dice lo que quiere decir; pero lo dice en una serie de exclamaciones asombrosamente coloquiales e idiomáticas. Su discurso, a menudo, es una especie de contradicción viviente. Juegos de palabras, metáforas burlonas medio muertas, clichés parodiados, antítesis y paradojas, modismos explotados en todos los niveles, son las enormes muletas sobre las que los poemas avanzan frenéticamente. Si la naturaleza, alguna vez, no dio saltos, fue diferente a Corbière, que progresa sólo por saltos; uno de sus poemas pasa a través de su agregación de exclamaciones, interjecciones, vocativos, imperativos como un electrón pasa a través de sus órbitas; ahora aquí, ahora allá, y en el medio, nada.

No hay nadie más cercano a Villon: en su mejor momento, Corbière hace justicia tanto a lo que queremos como a lo que obtenemos, y su maravillosa dureza, ironía e inteligencia surgen a través de una realiza-

La: vivre à coups de fouet!

ción concluyente de emoción y espíritu, no a través de ningún escape. Su propio epitafio termina:

> Murió esperando vivir
> y vivió esperando morir.

Vivió y murió acorralado, *de travers* [torcido], obsesionado no sólo por la manera difícil sino por la manera más difícil: es una roca contra todas las corrientes del mundo.

Extraído de Randall Jarrell, *Poetry and the age*, Publisher New York : Ecco Press, 1980, pp. 158-163 | Traducción de Ignacio Oliden

Tristan Corbière

Marianne Moore

Boris Ryzhy   Борис Рыжий

Branko Miljković   Бранко Миљковић

Amelia Rosselli

Frank Stanford

Forrest Gander

Wang Yin 王寅

Greg Brownderville

Poesía (Traducción)

Tristan Corbière

Le crapaud

Un chant dans une nuit sans air…
— La lune plaque en métal clair
Les découpures du vert sombre.

… Un chant; comme un écho, tout vif
Enterré, là, sous le massif.
— Ça se tait : Viens, c'est là, dans l'ombre…

— Un crapaud! — Pourquoi cette peur,
Près de moi, ton soldat fidèle?
Vois-le, poète tondu, sans aile,
Rossignol de la boue… — Horreur! —

— Il chante. — Horreur!! — Horreur pourquoi?
Vois-tu pas son œil de lumière…
Non : il s'en va, froid, sous sa pierre.

. . . .

Bonsoir — ce crapaud-là c'est moi.

Ce soir, 20 juillet.

Tristan Corbière

Tristan Corbière (Coat-Congar, cerca de Morlaix, 1845–Morlaix, 1875), fue un poeta francés cuya obra pasó por su época completamente ignorada hasta que Paul Verlaine lo incluyó en su libro de crítica literaria Les Poètes maudits *(1884).*

El sapo

Un canto en una noche sin aire…
— La placa lunar de metal claro,
los recortes de verde sombrío.

… Un canto; como un eco, muy vivo,
enterrado, ahí, bajo el macizo.
— En silencio: ven, está ahí, en las sombras…

— ¡Un sapo! — ¿Por qué este miedo,
cerca de mí, fiel soldado?
Míralo, poeta rasurado, sin alas,
ruiseñor del barro… — ¡Horror! —

— Él canta. — ¡¡Horror!! — ¿Horror por qué?
No ves su ojo de luz…
No: se aleja, frío, bajo su piedra.

…………………………………………..

Buenas noches — ese sapo soy yo.

Esta noche, 20 de julio.

Extraído de Tristan Corbière, *Les Amours jaunes*, Gallimard, Paris, 1953, pp. 58-59 | Traducción de Juan Arabia.

Paysage mauvais

Sables de vieux os — Le flot râle
Des glas : crevant bruit sur bruit…
— Palud pâle, où la lune avale
De gros vers, pour passer la nuit.

— Calme de peste, où la fièvre
Cuit… Le follet damné languit.
— Herbe puante où le lièvre
Est un sorcier poltron qui fuit…

— La Lavandière blanche étale
Des trépassés le linge sale
Au *soleil des loups*… — Les crapauds,

Petits chantres mélancoliques,
Empoisonnent de leurs coliques,
Les champignons, leurs escabeaux.

Marais de Guérande. – Avril.

Paisaje perverso

Arena de huesos viejos — la marea toca
las campanas: rompe ruido sobre ruido…
— Pálido pantano, donde la luna traga
gusanos gordos para pasar la noche.

— Calma de peste, donde guisa
la fiebre… El fuego fatuo languidece.
— Hierba apestosa donde la liebre
es un brujo cobarde que se escapa…

— La lavandera blanca estira
la ropa sucia de los muertos
al *sol de los lobos*… — Los sapos,

juglares melancólicos,
envenenan con sus cólicos
a los champiñones, sus escabeles.

Pantanos de Guérande. – Abril.

Extraído de Tristan Corbière, *Les Amours jaunes*, Gallimard, Paris, 1953, p. 123 | Traducción de Ignacio Oliden.

Marianne Moore

Roses Only

You do not seem to realize that beauty is a liability rather than
   an asset — that in view of the fact that spirit creates form we are
                     justified in supposing
    that you must have brains. For you, a symbol of the unit,
                stiff and sharp,
   conscious of surpassing by dint of native superiority and liking
               for everything
self-dependent, anything an
ambitious civilization might produce: for you, unaided to attempt
               through sheer
   reserve, to confute presumptions resulting from observation, is
            idle. You cannot make us
   think you a delightful happen-so. But rose, if you are
          brilliant, it
is not because your petals are the without-which-nothing of
        pre-eminence. You would, minus thorns,
look like a what-is-this, a mere
peculiarity. They are not proof against a worm, the elements, or
                  mildew
   but what about the predatory hand? What is brilliance without
           co-ordination? Guarding the
   infinitesimal pieces of your mind, compelling audience to
   the remark that it is better to be forgotten than to be
             remembered too violently,
your thorns are the best part of you.

Marianne Moore

Marianne Moore (1887, Kirkwood, Mussouri–1972, New York) asistió a Bryn Mawr College y recibió su licenciatura en 1909. Después de graduarse, Moore estudió en Carlisle Commercial College, y de 1911 a 1915 trabajó como maestra de escuela en Carlisle Indian School. En 1918, Moore y su madre se mudaron a la ciudad de Nueva York y, en 1921, se convirtió en asistente de la Biblioteca Pública de Nueva York. Comenzó a conocer a otros poetas, como William Carlos Williams y Wallace Stevens, y a colaborar en The Dial, *una prestigiosa revista literaria. Se desempeñó como editora interina de* The Dial *de 1925 a 1929. Junto con el trabajo de otros miembros del movimiento "Imagist" como Ezra Pound, Williams y H.D., los poemas de Moore se publicaron en* The Egoist *a partir de 1915. En 1921, H.D. publicó el primer libro de Moore,* Poems *(The Egoist Press, 1921).*

Sólo rosas

No parecen darse cuenta de que la belleza es un pasivo más que
    un activo — que en vista de que el espíritu crea forma
                        nos justificamos al suponer
    que debemos tener cerebros. Para ustedes, un símbolo de unidad,
                    rígido y filoso,
conscientemente inigualable a fuerza de una superioridad innata
                    y el gusto por todo
lo autodependiente, todo lo que una
ambiciosa civilización pueda producir: para ustedes, desamparadas
                    al intentar por pura
reserva, refutar las presunciones resultantes de la observación, es
                  improductivo. No pueden hacernos
    creer que son un suceso encantador. Pero rosa, si eres
                brillante,
no es porque tus pétalos son el sin-el-cual-nada de
                a preeminencia. Sin espinas,
te verías como un qué-es-esto, una mera

peculiaridad. No son a prueba de gusanos, los cuatro elementos o
el moho
pero ¿Qué pasa con la mano predadora? ¿Qué es el brillo sin
la coordinación? Custodiando las
piezas infinitesimales de tu mente, persuadiendo a la audiencia
con la idea de que es mejor ser olvidado que ser
recordado con demasiada violencia,
las espinas tu mejor parte.

Extraído de Marianne Moore, *Observations*. Edited by Linda Leavell, Farrar, Straus and Giroux, New York, 2016, p. 39 | Traducción de Camila Evia.

New York

the savage's romance,
accreted where we need the space for commerce —
the center of the wholesale fur trade,
starred with tepees of ermine and peopled with foxes,
the long guard-hairs waving two inches beyond the body of the pelt,
the ground dotted with deer-skins — white with white spots
"as satin needlework in a single color may carry a varied pattern,"
and wilting eagles' down compacted by the wind;
and picardels of beaver skin; white ones alert with snow.
It is a far cry from the "queen full of jewels"
and the beau with the muff,
from the gilt coach shaped like a perfume bottle,
to the conjunction of the Monongahela and the Allegheny,
and the scholastic philosophy of the wilderness
to combat which one must stand outside and laugh
since to go in is to be lost.
It is not the dime-novel exterior,
Niagara Falls, the calico horses and the war canoe;
it is not that "if the fur is not finer than such as one sees others wear,
one would rather be without it — "
that estimated in raw meat and berries, we could feed the universe;
it is not the atmosphere of ingenuity,
the otter, the beaver, the puma skins without shooting-irons or dogs;
it is not the plunder,
it is the "accessibility to experience."

Nueva York

el romance del salvaje

acumulado donde necesitamos el espacio para el comercio —

el centro del negocio mayorista de pieles,

protagonizado por tipis de armiño y poblado de zorros,

largos pelos de guarda se ondean cinco centímetros por fuera del cuero

pieles de ciervo salpicadas por el suelo — blancas manchadas de blanco

"como la costura del raso monocromático puede llevar un patrón variado",

y el marchito pulmón del águila compactado por el viento;

y picardeles de piel de castor; los blancos alertan con nieve.

Está muy lejos de la "reina repleta de joyas"

y del galán con el manguito

del dorado carruaje con forma de perfume,

a la conjunción del Monongahela con el Allegheny,

y la filosofía escolástica del páramo

que para ser combatida uno debe pararse fuera y reír

ya que entrar es estar perdido.

No es el exterior de novela barata,

las Cataratas del Niágara, los caballos calico y la canoa de guerra;

no es eso de que "si la piel no es más fina de la que se ve llevar a otros,

uno preferiría estar sin ella —"

que valuada en carne cruda y bayas, podríamos alimentar al universo;

no es la atmósfera de ingenuidad,

la nutria, el castor, la piel del puma sin balas ni perros

no es el saqueo,

es la "accesibilidad a la experiencia".

Extraído de Marianne Moore, *Observations*. Edited by Linda Leavell, Farrar, Straus and Giroux, New York, 2016, p. 64 | Traducción de Camila Evia.

Boris Ryzhy

The Musician and the Angel...

In the little old square a musician plays —
his face is pale, he wears a black necktie.

Sitting on a bench I listen to him.
There is nobody else in the old square,

only pigeons, clustering about my legs,
and a blue-eyed angel soars above.

...And, oh, the more the music haunts and terrifies,
the more the winged one softly smiles...

Музыкант и ангел

В старом скверике играет музыкант,
бледнолицый, а на шее — черный бант.

На скамеечке я слушаю его.
В старом сквере больше нету никого,

только голуби слоняются у ног,
да парит голубоглазый ангелок.

...Ах, чем музыка печальней, чем страшней,
тем крылатый улыбается нежней...

Boris Ryzhy

El poeta ruso contemporáneo Boris Ryzhy (1974–2001), que vivió en Ekaterinenburg (Sverdlovsk), en la región de los Urales, es visto como la voz de la última generación soviética y se le conoce como el "poeta de la perestroika". Es extremadamente popular entre los jóvenes rusos, pero también parece unir a jóvenes y mayores a través de su poesía sorprendentemente clara y melódica. Nacido en una familia intelectual, se convirtió en poeta y campeón de boxeo en su adolescencia. Aunque era amado y respetado por muchos, a la edad de 26 años Boris Ryzhy se suicidó, siguiendo los pasos de muchos grandes artistas rusos del pasado. Ganó el premio de poesía ruso más prestigioso y escribió más de 1000 poemas en su corta vida.

El músico y el ángel...

En la pequeña y vieja plaza toca un músico —
su rostro está pálido, lleva una corbata negra.

Sentado en un banco lo escucho.
No hay más nadie en la vieja plaza,

sólo palomas, apiñadas alrededor de mis piernas,
y un ángel de ojos azules planeando alrededor.

…Y, oh, cuanto más me persigue y aterroriza la música,
más tiernamente sonríe el ángel…

Black angel on white snow

Black angel on white snow,
reduced a hundredfold by a gloomy magician.
Death is sorrowful, but to live, I cannot.
In the bleak park no one is about.
In the bleak park there is always silence,
and a pine tree — like a stranger — stands.
Lean up against it, partake of the wine,
that lies — by the heart — in the pocket.
I made to recollect; but
at first it humiliated and then it killed.
It's overly cold in this light coat.
The angel beats its black wings.
— Fly to your heaven, my dear,
and recount, as if god were still alive:
it's still, he says, winter, still peaceful,
just some fool being lonely.

Чёрный ангел на белом снегу —

Чёрный ангел на белом снегу —
мрачным магом уменьшенный в сто.
Смерть — печальна, а жить — не могу.
В бледном парке не ходит никто.
В бледном парке всегда тишина,
да сосна — как чужая — стоит.
Прислонись к ней, отведай вина,
что в кармане — у сердца — лежит.
Я припомнил бы — было бы что,
то — унизит, а это — убьёт.
Слишком холодно в лёгком пальто.

Ángel negro sobre nieve blanca

Ángel negro sobre nieve blanca,

reducido cien veces por un mago lúgubre.

La muerte es dolorosa, pero vivir es imposible.

En el sombrío parque no hay nadie.

En el sombrío parque siempre hay silencio,

y un pino se alza, como un extraño.

Apóyate en él, bebe del vino que se encuentra

en el bolsillo, junto al corazón.

Lo hice para recordar; pero

lo primero que hizo fue humillar y luego matar.

Hace demasiado frío con este abrigo ligero.

El ángel bate sus alas negras.

— Vuela a tu cielo, cariño, y escribe,

como si dios estuviera vivo:

todavía es invierno, todavía hay paz,

sólo algún tonto se siente solo.

Ангел чёрными крыльями бьёт.
— Полети ж в своё небо, родной,
и поведай, коль жив ещё Бог —
как всегда, мол, зима и покой,
лишь какой-то дурак одинок.

Tell me right after snowfall

Tell me right after snowfall —
Are we alive or have we been buried?
No, be silent for a while, I need not only words
on earth, in heaven, or in the grave.

The Lord did not grant me a roseate sea,
nor strength to get even with my enemies,
but the ability to weep from another's sorrow,
loving, to smile at another's happiness....

Damp soldiers throw snowballs,
they are alone, alone in the whole world...
How pure is the snow, like angels — winged,
guilty of nothing, like children.

кажи мне сразу после снегопада

кажи мне сразу после снегопада —
мы живы, или нас похоронили?
Нет, помолчи, мне только слов не надо
ни на земле, ни в небе, ни в могиле.

Мне дал Господь не розовое море,
не силы, чтоб с врагами поквитаться —
возможность плакать от чужого горя,
любя, чужому счастью улыбаться.

...В снежки играют мокрые солдаты —
они одни, одни на целом свете...
Как снег — чисты, как ангелы — крылаты,
ни в чем не виноваты, словно дети.

Dímelo justo después de la nevada [10]

Dímelo justo después de la nevada —
¿Estamos vivos o hemos sido enterrados?
No, guarda silencio un rato, no sólo necesito palabras
en la tierra, en el cielo o en la tumba.

El señor no me concedió un mar rosado,
ni fuerza para vengarme de mis enemigos,
sino la capacidad de llorar por el dolor ajeno,
amar, sonreír ante la felicidad de los otros…

Los soldados mojados lanzan bolas de nieve,
están solos, solos en el mundo entero…
Qué pura es la nieve, como los ángeles —
alada, sin culpa, como los niños.

Branko Miljković

Consciousness of the Poem

To live without the self: a strange desire?
To want a poem without a poet? Time,
From the oblivious past, does it admire
The betrayal of my thwarted design?
Does that mean saying to change: Not for Me
And let the poem change itself? Furthermore
To dedicate myself to beast and flower
And lend my strength to black roots' hunger?
I'm not ashamed to sing behind a wall
Better in such night than free elsewhere.
The sun stings my heel. The blazing wall
At the end of the road — it leads nowhere.

Svest o Pesmi

Je li to cudna Zelja da se Zivi
bez sebe? Zelja za pesmom bez pesnika?
Od proslosti i zaborava vreme §to se divi
izdajstvu moga zaustavljenog lika?
Da li to znati reci promeni: necu!
I ostaviti pesmu da se sama menja?
Pokloniti sebe Zivotiniama i cvecu
i snagu svoju dati gladi crnog korenja?
U ovoi noci mene niie stid
§to pevam iz zida lepse no na slobodi.
Sunce mi u peti bridi. Blesti zid
na kraju puta što nikud ne vodi.

Branko Miljković

Branko Miljković (1934 Niš, Yugoslavia–1967, Zagreb, Croacia) fue un poeta serbio, más conocido en Yugoslavia, la Unión Soviética y otros países del Bloque del Este por sus influyentes escritos. En un momento en el que nadie podía prever nada más que un futuro brillante para el poeta, murió prematuramente en 1961, a la edad de 27 años. Fue encontrado colgado de un árbol en Zagreb, la actual Croacia. Este controvertido incidente fue registrado oficialmente como un suicidio. En su poema de una sola línea "Epitafio", escribe "Ubi me prejaka reč" ("Me mató una palabra demasiado fuerte"), casi sintiendo el final prematuro de su vida. Durante los últimos años de su vida publicó cinco libros de poesía (Uzalud je budim, *Belgrade, 1957;* Smrću protiv smrti, *Belgrade, 1959;* Vatra i ništa, *Belgrade, 1960;* Poreklo nade, *Zagreb, 1960;* Krv koja svetli, *Belgrade, 1961), críticas y traducciones de los simbolistas franceses y del poeta ruso Osip Mandelstam.*

Conciencia del poema

Vivir sin uno mismo: ¿un extraño deseo?

¿Querer un poema sin poeta?

El tiempo, desde el pasado inconsciente, ¿admira

la traición de mi designio frustrado?

¿Eso significa decir al cambio: esto no es para mí?

¿Y dejar que el poema cambie por sí solo? Además,

¿dedicarme a las bestias y a las flores

y prestar mis fuerzas al hambre de las raíces negras?

No me avergüenza saber que lo que canto esta noche

detrás de una pared es más hermoso que en libertad.

El sol me pica el talón. El muro en llamas

al final del camino — no lleva a ninguna parte.

Extraído de Branko Miljković, *Fire and Nothing: A Bilingual Edition, Including Three Essays on the Art of Poetry.* Translated by Milo Yelesiyevich, The Serbian Classics Press; First Edition, 2010 | Traducción de Juan Arabia.

The Last Poem

Evening star shall stare at my burned out eyes
and won't find it's lost reflection.
Somewhere someone will over the peaceful river
    of thoughts lean remembering
Sadness once in me shall fly out into the world
and distant sunflowers will bow their heads.

Poslednja pesma

Zagledaće se večernjača u moje ugasle oči,
i neće naći svoj odraz izgubljeni.
Neko će da se nagne negde nad tihom rekom misli, u seti
Prahnuće u svet tuge što su bile u meni,
i pognuće glave daleki suncokreti.

El último poema

La estrella de la tarde mirará mis ojos quemados
y no encontrará su reflejo perdido.
En algún lugar alguien se inclinará sobre el pacífico río
    de los pensamientos
recordando que la tristeza una vez en mí volará hacia el mundo
y los girasoles distantes inclinarán sus cabezas.

Extraído de Branko Miljković, *Izabrane pesme*. Translated by Aleksandra Milanović, Kontrast izdavaštvo, 2022. | Traducción Juan Arabia.

Amelia Rosselli

Neve

Sembrano minuscoli insetti festeggianti
uno sciame di motori squillanti, una
pena discissa in faticose attenzioni
e una radunata di bravate.

Nevica fuori; e tutto questo rassomiglia
ad una crisi giovanile di pianto se
non fosse che ora le lacrime sono asciutte
come la neve.

Un esperto di questioni meteorologiche
direbbe che si tratta di un innamoramento
ma io che sono un esperto in queste
cose direi forse che si tratta di una

imboscata!

Amelia Rosselli

Amelia Rosselli (París, 1930–Roma, 1996) fue una poeta italiana. Hija de una activista política inglesa y un héroe de la resistencia antifascista, su padre y su tío fueron asesinados en 1937 por La Cagoule, el servicio secreto del régimen fascista, mientras vivían en el exilio en Francia. Entonces comenzó el éxodo familiar, en Inglaterra y en Estados Unidos. Rosselli regresaría a Italia en 1946. Fue Pier Paolo Pasolini quien descubrió la poesía de Rosselli, publicando en la revista literaria Il Menabò, *en 1963, veinticuatro de sus poemas y definiendo su escritura poética como "escritura de lapsus". Se suicidó en 1996 saltando desde su apartamento en Roma.*

Nieve

Parecen pequeños insectos celebrando
un enjambre de motores estridentes, una
condena dividida en un conjunto de hazañas
y una atención extenuante.

Está nevando afuera; y todo esto se parece
a una crisis de llanto juvenil,
salvo que ahora las lágrimas
están secas como la nieve.

Un experto en cuestiones meteorológicas
diría que esto tiene que ver con un enamoramiento
pero yo que soy experta en estas cuestiones
diría que es una

emboscada.

Extraído de *The New Italian poetry, 1945 to the present : a bilingual anthology*, Publisher Berkeley : University of California Press, 1981, p. 360 |
Traducción de Juan Arabia

Frank Stanford

Plowboy

I came up on death and love
hung up like dogs in my garden
I had no broom or cold water
just a plow and a pony
the both of them shined like a mirror
of double or nothing
so I told them
stay out of my greens
what I really meant was what do you want
I came up on death and love in my garden
lessons in paradise

Frank Stanford

Frank Stanford (1948–1978) fue un prolífico poeta estadounidense conocido por su originalidad, imaginería cargada de sensualidad y cruda seriedad emocional. Creció en los estados de Mississippi, Tennessee y luego en Arkansas, donde vivió la mayor parte de su vida y escribió su poesía. Asistió a la Universidad de Arkansas de 1966 a 1971 y estudió administración de empresas durante un semestre antes de cambiarse a literatura inglesa y poesía, pero nunca llegó a concluir la licenciatura. Frank Stanford se suicidó en Fayetteville, Arkansas, el 3 de junio de 1978 a la edad de 29 años. Los dos poemas que se presentan aquí abren Field Talk *[Habla terreña] (1975). Según James McWilliams, profesor de historia en la Universidad Estatal de Texas y quien ha estado trabajando en una biografía de Stanford desde 2018: "*Field Talk *surge durante el matrimonio de Stanford con Ginny. El tema del huerto es prevalente, siendo un período en que Frank y Ginny tenían un extenso huerto fuera de su cabaña en Rogers, Arkansas. Frank trabajó en la mayoría de estos poemas a la madrugada o antes del alba quizá, alrededor de las 4 a.m., ya que su trabajo de agrimensor lo requería activo desde tempranas horas. Mientras inspeccionaba terrenos Frank escribía mentalmente al andar".*

Joven arriero

encontré a la muerte y al amor

colgados como perros en mi huerto

no tenía ni escoba ni agua fría

sólo un arado y un pony

ambos brillaban como un espejo

de doble o nada

así que les dije

fuera de mis siembras

lo que realmente quise decir fue qué quieren

encontré a la muerte y al amor en mi huerto

lecciones en el paraíso

Extraído de Frank Stanford, *What About This: Collected Poems of Frank Stanford*, Copper Canyon, Port Townsend – Washington, 2015, p. 147 | Traducción de Patricio Ferrari & Graciela S. Guglielmone.

Lullaby to a Child Who They Say Will Not Live through the Night

the fog worked on the coffin without a sound
like a tire rim rusting in the dark
I went around waiting for some scum to grow on the lid
I wanted to hewn me oars to take you home
I wanted to bring clean sheets dipped in ice water
and smell your curls like strawberry vines
have a one of you seen how long
it takes to wave so long or lose a crop
I plant my garden under the gradual pressure of the loveliest saddle
forgetting the undergrowth of sorrow
I make loops for the worms my darlings
I take a bath in a grave with no soap
and keep the secret of the fingernails and vortices of dirt
a pelt is taken by the sound of a lantern going out
and I tremble with the channel cat black as soot
and I pass out on funeral jazz and slow water rag
I betroth myself to the tension of the raccoon's approach
flexing my eyes with the dark
and I swear on my life
I will prowl this black island until I can return
your dirty kiss lightning's flesh and thunder's hurt
I stand ready for the spume of your cooked tongue
it is a simple ceremony
a girl has burned
her wilderness to honey but not to death

Nana para una niña que dicen no sobrevivirá
a esta noche

la neblina avanzó sobre el ataúd sin un mínimo sonido
como una llanta oxidándose en la oscuridad
caminé alrededor esperando que un poco de mugre se juntara sobre la tapa
quería tallarme unos remos para acompañarte a casa
quería traer sábanas limpias mojadas en agua helada
y oler esos rizos de tu cabello como viñas de fresa
ya alguno de ustedes ha visto cuánto
lleva despedirse o perder una cosecha
siembro mi huerto bajo la suave presión de la montura más bella
dejando atrás la maleza del dolor
hago círculos para los gusanos mis queridos
tomo un baño en una tumba sin jabón
y conservo el secreto de las uñas y los vórtices de roña
a la piel de un animal se la lleva un sonido de linterna que se extingue
y tiemblo con el pez gato negro como el hollín
y me desplomo en un jazz de funeral y en un ragtime acuoso y lento
me entrego a la tensión del mapache que se acerca
flexionando mis ojos con la oscuridad
y juro por mi vida
que acecharé esta isla negra hasta poder volver
tu beso sucio carne del rayo y del trueno el dolor
estoy listo para el espumarajo de tu lengua calcinada
es una simple ceremonia
una niña ha quemado
su tierra salvaje no para la muerte sino para la miel

a woman will die
before the hunter rises I can hear the embers from my boat
from my bed I can see the odor of her pillows

una mujer ha de morir

antes de que el cazador se levante logro oír las brasas desde mi barca

desde mi cama logro divisar el olor hembra de sus almohadas

Extraído de Frank Stanford, *What About This: Collected Poems of Frank Stanford*, Copper Canyon, Port Townsend – Washington, 2015, p. 148 | Traducción de Patricio Ferrari & Graciela S. Guglielmone.

Forrest Gander

Son

It's not the mirror that is draped, but
what remains unspoken between us. Why

say anything about death, inevitability, how
the body comes to deploy the myriad worm

as if it were a manageable concept not
searing exquisite singularity. To serve it up like

a eulogy or a tale of my or your own
suffering. Some kind of self-abasement.

And so we continue waking to a decapitated sun and trees
continue to irk me. The heart of charity

bears its own set of genomes. You lug a bacterial swarm
in the crook of your knee, and through my guts

writhe helminth parasites. Who was ever only themselves?
At Leptis Magna, when your mother & I were young, we came across

statues of gods with their faces and feet cracked off by vandals. But
for the row of guardian Medusa heads. No one so brave to deface those.

Forrest Gander

Forrest Gander (1956) nació en el desierto de Mojave en Barstow, California. Creció en Virginia y pasó importantes años con la poeta CD Wright –– en San Francisco (California), Dolores Hidalgo (México), Eureka Springs (Arkansas) y Providence (Rhode Island). Con CD Wright, tiene un hijo, el artista Brecht Wright Gander. Gander estudió geología antes de estudiar y dedicarse enteramente a la literatura. Poeta y traductor, es autor de varios libros, entre los cuales los poemarios Eiko & Koma *(New Directions, 2013),* Core Samples from the World, Twice Alive *(New Directions, 2021), las novelas* As a Friend *(New Directions, 2008) y* The Trace *(New Directions, 2014). Con Patricio Ferrari es el traductor de la poesía francesa de Alejandra Pizarnik (*The Galloping Hour: French Poems, *New Directions, 2018) y, con Raúl Zurita, publicó* Pinholes in the Night, Essential Poems from Latin America *(Copper Canyon, 2014). El poema aquí publicado es el que abre* Be With *(Estar Con), publicado por New Directions en 2018 y premiado con el Premio Pulitzer en 2019. Forrest Gander reside en el norte de California con la artista Ashwini Bhat.*

Hijo

No es el espejo que está drapeado sino
lo que permanece tácito entre nosotros. Para qué

pronunciarse sobre la muerte, la inevitabilidad, sobre cómo
el cuerpo comienza a desdoblarse en una miríada de vermes

como si fuese un concepto maleable y no
una abrasadora exquisita singularidad. Hacer de ella

una elegía o una ficción de mi o de tu mismísimo
sufrimiento. Una especie de humillación del yo.

Y así continuamos despertando a un sol decapitado y los árboles
me irritan una y otra vez. El corazón de la caridad

When she spoke, when your mother spoke, even the leashed
greyhound stood transfixed. I stood transfixed.

I gave my life to strangers; I kept it from the ones I love.
Her one arterial child. It is just in you her blood runs.

soporta su propio juego de genomas. Ahí donde la rodilla encorva
arrastras un enjambre de bacterias y, dentro de mis tripas,

se retuercen parásitos helmintos. ¿Quién fue alguna vez solamente uno
|mismo?
En Leptis Magna, cuando tu madre y yo éramos jóvenes, encontramos

estatuas de dioses con los rostros y pies partidos por vándalos. Excepto
la hilera de cabezas de la Medusa guardiana. Nadie tan valiente para
|desfigurarlas.

Cuando ella hablaba, cuando tu madre hablaba, hasta al galgo
amarrado arrebataba. Me arrebataba a mí.

Di mi vida a extraños; a quienes amo se la privé.
Su único hijo arterial. Es solo en ti que corre su sangre.

Extraído de Forrest Gander, *Be With*, New Directions, New York, 2018 |
Traducción de Patricio Ferrari & Graciela S. Guglielmone.

Wang Yin (王寅)

The Mariner Loses His Love

The mariner loses his love, watches his ship slowly sink
The king sits on his throne, as his country is laid waste
On the road with its swirling dust
I take out a handkerchief, examine the white fibers

Tears are a chariot without a driver
and without wheels
but there's a strong wind blowing its endless suffering
into the shadows of spring

水手失去爱情

水手失去爱情，眼见航船慢慢沉没
国王坐在王座上，可是他的国家正在灭亡
在尘土飞扬的街道上
我掏出手帕仔细端详白色的纤维

泪水这辆马车没有驭手
也没有车轮
但有疾风吹送着它无边的痛苦
进入春天的阴影

1995

Wang Yin (王寅)

Wang Yin (王寅), nacido en Shanghái en 1962, comenzó a publicar poesía en la década de 1980 y fue reconocido como uno de los escritores más destacados de la tercera generación, o poetas posteriores a "Misty Poets" 朦胧 (poetas brumosos /oscuros). Como crítico de arte y reportero de Southern Weekly, el principal periódico liberal de China, ha viajado mucho por Europa y Asia. Su fotografía, que a menudo documenta su compromiso con artistas y escritores contemporáneos, se ha exhibido tanto en China como a nivel internacional. Ha comisariado la serie de lectura internacional "Poetry Comes to the Museum" en el Museo Minsheng de Shanghái desde 2012, la serie de poesía de mayor duración en el país. La colección de 2015 de Wang Yin, Limelight, ganó dos de los principales premios de poesía de China y su poesía ha sido traducida al francés, japonés y polaco, entre otros idiomas. Actualmente vive en Brooklyn, New York.

El marinero pierde su amor

El marinero pierde su amor, ve su barco hundirse lentamente
El rey se sienta en su trono, mientras su país es devastado
En el camino con su polvo arremolinado
saco un pañuelo, examino las fibras blancas

Las lágrimas son un carro sin conductor
y sin ruedas
pero hay un viento fuerte que sopla su sufrimiento interminable
hacia las sombras de la primavera

Extraído de Wang Yin, *A Summer Day in the Company of Ghosts*. Translated by Andrea Lingenfelter, New York Review of Books, New York, 2022, p. 99 | Traducción de Ignacio Oliden.

Greg Brownderville

Arkansas Blacks

The boy's first night there, he took a flashlight
down stairs worn smooth by his grandfathers' boots.
He raised the latch, opened the heavy door
to a translucent veil of cobwebs, and guided
a cone of light slowly across the room.
From the floor joists that formed the cellar ceiling,
dozens of nails jutted out, sewing strings
looped over them and knotted to the stems
of Arkansas Blacks, fruit that keeps. But time
had mummified these apples, left to hang
for twenty years or more, the boy guessed.
A few steps in, he was transformed, a ghost
in cobweb robes. He reached out, his pale fingers
touching dark apple skin. The light trembled.
How will I ever sleep in this damned house?

Greg Brownderville

Greg Brownderville es poeta oriundo de Arkansas, Estados Unidos. Es autor de tres libros de poesía, entre los cuales se destaca Gust *(Northwestern University Press, 2011), incluido en la lista de los más vendidos de la Poetry Foundation. En 2012 publicó* Deep Down in the Delta *(Butler Center Books), una colección de poemas basados en cuentos populares que reunió en su comunidad natal de Pumpkin Bend, Arkansas y sus alrededores. El tercer libro de Brownderville,* A Horse with Holes in It, *fue lanzado por el sello de Louisiana State Univesrsity Press en 2016.*
Brownderville es el editor de Southwest Review, creador de una serie narrativa en línea llamada Fire Bones, *cantante y compositor del dúo de indie rock Beekeeper Spaceman y profesor asociado de inglés en Southern Methodist University en Dallas, Texas.*
El poema que presentamos aquí, "Arkansas Blacks", proviene de la colección de poesía Gust *(Ráfaga). Siguiendo la métrica del original (pentámetro yámbico), los traductores optaron por traducir el poema en alejandrinos (7 + 7) –– quebrando la métrica en el penúltimo verso por motivos semánticos, al igual que en el original.*

Arkansas Blacks

En la primera noche bajó, linterna en mano,
los mismos escalones que su abuelo uno a uno
había desgastado. Abrió la puerta inmóvil
a un traslúcido velo de telarañas, lento
desde el extremo opuesto supo un cono de luz.
De las vigas formando ya del sótano el techo
sobresalían clavos serpenteados por hilos
de coser que a su vez ataban, tallo a tallo,
las manzanas de Arkansas, fruta negra que dura,
si bien momificadas, dejadas a colgar
por veinte años o más, imaginó el joven.
Unos pasos adentro, transformado, fantasma

vestido en telarañas. Desde sus dedos pálidos
tocó la piel oscura. La luz tembló toda.
¿Cómo voy a dormir en la casa tomada?

Extraído de Greg Brownderville, *Gust: Poems*, Northwestern University Press, 2011 | Traducción de Patricio Ferrari & Graciela S. Guglielmone.

Pablo Gilabert

Alan Mendoza Sosa

Consuelo Arriagada

Santiago Montoya Ordóñez

José Ignacio Hernández

Eliana Tomassini

Astrid Velasco

Jorge Burón

Poesía actual

Pablo Gilabert

Nació en Argentina. Estudió en Buenos Aires, Nueva York y Frankfurt. Es profesor de filosofía en Concordia University en Montreal. Es autor de tres libros sobre derechos humanos y justicia social publicados por Oxford University Press, así como de numerosos artículos en revistas académicas.

Lana impura

Coro rojo tan
rojo que
no existís
que no sonás ya
en esta ventisca tan
fuerte tan
disolvente.

Las fuerzas del cielo
son un pésimo aliado.
Ellas viran crueles
y solas
alrededor de
una estrella rota.

¿Viste pasar
ese tren fantasma?
Lleva gente
que escapa por la noche
que va de una ciudad
a otra ciudad

idéntica.
Pasa todos los días
frenético e inútil.

Una oveja de
lana impura
se separa del rebaño
que no la reconoce
y que de todos modos
marcha hacia el
precipicio.
Esa oveja es
roja es
tan roja.

Hay un rastro
en las cosas
de otras cosas
que no existen pero
que pueden
aún cambiarnos.

Alan Mendoza Sosa

Ciudad de México, 1997. Es poeta e investigador. En 2022 publicó el libro *La bestia que habito* (Herring Publishers, Querétaro). Actualmente estudia el doctorado en literatura hispánica en la Universidad de Yale. Su trabajo ha sido publicado en revistas como *Página Salmón*, *Tierra Adentro*, *Connotas*, *Humanística* y *Asymptote Journal*.

Delta

Casi todos los que están en el río
llevan nadando desde que llegaron,
piensan que van en un cauce sagrado
que confundieron con maná divino.

Imaginan que allá, lejos, está
el eterno jardín que les vendieron,
que si hoy avanzan con todo su esfuerzo
mañana, al llegar, podrán descansar.

Pero el río en realidad no acaba,
matarnos nadando no tiene caso:
es mejor solo disfrutar del agua.

Eso creemos los pocos que estamos
en este delta corto sin nadar,
curados de querer lugares falsos.

Consuelo Arriagada

Santiago de Chile, 1983. Abogada de profesión, con estudios de filosofía. Forma parte del Taller Helecho Poético Internacional, dirigido por el poeta Samuel Trigueros. Sus poemas han sido publicados en diversas revistas literarias. Algunos de ellos han sido traducidos al inglés e incluidos en la antología bilingüe *DESARRAIGO: 18 poetas transfronterizos* (Nautilus Ediciones, 2021). En 2022 publicó su primer poemario *En lo oscuro del sueño / Dans l'ombre du rêve* (Nautilus Ediciones, 2022). Traducido al francés por Michelle Dospital.

El borde

Los lobos te aúllan su espesura salvaje
a ti que transitas
en fugitiva transparencia
los días regidos por los santos del hielo.

Él cortó los hilos
y ahora las palabras que decoraban tu vaso se derrumban.
En una fosa profunda el borde está lejos
respirar es un arte.

Tú sabes bien que ni Dios ni el azar
tiran los dados.

Santiago Montoya Ordóñez

Quito, Ecuador. ha publicado *La sinfonía del bosque* (Cuento, 2009) y *Los colores del Infierno* (Poesía, 2022). Algunos de sus cuentos y poemas han aparecido en las revistas impresas y digitales como *Elipsis*, *Poesía* (Universidad de Carabobo, Venezuela), *Casa Tomada* (Cuenca, Ecuador), *Cigar City Poetry Journal* (Florida, EEUU) y ha sido seleccionado por la Editorial Palabra Herida de Colombia para una antología de cuento ecuatoriano que se publicará a finales de 2024. Actualmente, colabora con la revista literaria digital *Mura*.

Siempre

el dolor es siempre
el mismo
cambia la manera
de vestir el frío
pero la oscuridad
conserva los mismos ojos

los muros se han
vuelto más altos
(nunca sabrás
qué hay al otro lado)

el dolor no cambia
es un pájaro
enraizado
a su celda

José Ignacio Hernández

José Ignacio Hernández (Mendoza, Argentina, 1988), es escritor y estudiante
de música. Publicó en diversas revistas literarias. En la actualidad, asiste al
taller literario dictado por Diego Niemetz.

El palacio de la luna

no es el viento que rasura
  esta garganta de sombras
ni el aserrín hueco,
costilla que es década y plegaria,
no es el témpano espejado de las letras ni
        el pulso irreverente
  de esta luz que tira, se vuelve mito
y sangra

el costado cóncavo de la máscara
nunca muere

un suelo de vidrios rotos
un poeta confinado en su círculo
evita los cortes
y sangra

es este fuego, la mano
que tira del pecho
la piedra en el estómago

el ruido en la tormenta que calla,
la diosa
que naufraga entre llamas y charcos
y carcome la hierba seca
                              de nuestros sueños;
es esta piedra que pide respirar,
la soledad volviéndose bella y eterna.

Rayo que desviste la silenciosa
                    hemorragia de la luna
el arrastre violento, macabro
en nuestras venas;
poeta, hierba y témpano
poeta, milagro
el mundo te deja,
te hace bello y eterno.

Eliana Tomassini

Punta Alta, provincia de Buenos Aires, Argentina, 1988. Es egresada en Economía (UNMDP) y Magíster en Escritura Creativa (UNTREF). Publicó el poemario *Algún recuerdo de intimidad* (Alción Editora). Por su último libro inédito fue finalista de la III edición del Premio Internacional de Poesía de Fuente Vaqueros y fue elegida para realizar la residencia internacional de escritura creativa en Can Serrat, ambos en España.

Aliteraciones de la noche

I.

fumo y escribo

escribo y fumo

exhalo filamentos grises

que ágiles se deslizan

desaparecen en el aire negro

su cuerpo su forma

una fluidez de baile sentido

una destreza única para la huida

como este poema

mi garganta sabe

hoy entera la noche

abismo concentrado

solo cueva

énfasis

tinta

y tinto

II.

llega la noche
el día se queda
en alguna insistencia
algún insecto en la oreja en un
zumbido
la yema del pulgar repite su movimiento
suena el chasquido del encendedor
la llama por fin aparece
acerco el tabaco aspiro
el instante vivo
con su gracia de ser
y la astuta picardía
de nunca ser
poseído

III.

quién dijo que la oscuridad es
costumbre de la tristeza
si el mundo es evidencia
con su luz tanta
la crueldad no puede ser disimulada
tampoco los excesos de ausencia
si la infancia es la primera luz encendida
la misma que tanta se filtra
de a ratos ciega
y quema

Astrid Velasco

Ciudad de México, 1970. Es licenciada en Lengua y Literaturas Hispánicas, por la Universidad Nacional Autónoma de México (UNAM). Es editora y escritora. Actualmente es coordinadora de Publicaciones del Centro de Investigaciones sobre América del Norte (CISAM), UNAM. Ha publicado en antologías y revistas literarias de México, Estados Unidos y España.

Inicio

La guerra comenzó
con esa nube eléctrica,
bajo el revés de la roca
en el decir "silencio"
y en los insectos oscuros.

La guerra comenzó
en una oración desangrada
y en la mutilación de un niño
que no llora.
Los muertos ejecutaron
la música del llanto.
La guerra horadó
en la ventana.

La guerra comenzó
con el rojo que hizo
arder mis pupilas
adentro afuera

en aquellos días
pensados,
que no fueron.

Piel desnuda
Mis dedos se abren:
la piel no es fortaleza.
La guerra anidó dentro
en la casa.

trajo las armas niñas
de los tiempos del odio.

El moretón del techo
me mira.
Sabe que un viernes
todas mis armaduras
fueron enterradas,
que los monstruos dulces
ya no duermen.

Sabe que mi madre
con un ataúd cerrado
se quedó
sin leche
ni palabras blancas.

Jorge Burón

Madrid, 1994. Es escritor de narrativa, ensayo y poesía, así como profesor de historia y filosofía en secundaria y bachillerato. Tras estudiar ciencias políticas realizó tanto el máster de educación como el máster de estudios literarios combinando ambas facetas hasta hoy. Actualmente trabaja como profesor y desarrolla su tesis doctoral bajo el título "El problema del mal en Roberto Arlt: crueldad y trascendencia en Los siete locos". Ha impartido talleres literarios en la universidad como su seminario "Literatura y poder en el siglo XX" en la Universidad Pontificia de Comillas.

Visiones: VI

De Matsuo Bashō

1.

Un rayo lento
truena, ya en aquel frío viejo
el campo ha florido

2.

Id al camino seco
el que nunca llega
y estás acabando

3.

Conozco aquel viento
es otro
de nuevo

锋利的金属战争
为帽子而死
布雷西亚鱼
在池塘底部

Septiembre 2024
Buenos Aires Poetry
www.buenosairespoetry.com
www.editorialbuenosairespoetry.com